Libro de seguridad corporal para niños, por Tim

Adrian Laurent

Derechos de autor © 2023 Adrian Laurent, Bradem Press, Nueva Zelanda, 978-1-991096-58-6 (Epub), 978-1-991096-59-3 (tapa blanda)
Todos los derechos reservados.
El contenido contenido en este libro no puede reproducirse, duplicarse o transmitirse sin el permiso directo por escrito del autor o del editor.
Bajo ninguna circunstancia se tendrá la culpa o responsabilidad legal contra el editor o el autor, por daños, reparaciones o pérdidas monetarias debido a la información contenida en este libro, ya sea directa o indirectamente.
Aviso Legal:
Este libro está protegido por derechos de autor. Es solo para uso personal. No se puede modificar, distribuir, vender, usar, citar o parafrasear ninguna parte o el contenido de este libro sin el consentimiento del autor o editor.
Aviso de Exención de Responsabilidad:
Tenga en cuenta que la información contenida en este documento es solo para fines educativos y de entretenimiento. Todo el esfuerzo se ha ejecutado para presentar información precisa, actualizada, confiable y completa. No se declaran ni implican garantías de ningún tipo. Los lectores reconocen que el autor no participa en la prestación de asesoramiento legal, financiero, médico o profesional. El contenido de este libro se ha derivado de varias fuentes. Consulte a un profesional con licencia antes de intentar cualquier técnica descrita en este libro.
Al leer este documento, el lector acepta que en ningún caso el autor es responsable de las pérdidas, directas o indirectas, que se incurran como resultado del uso de la información contenida en este documento, incluidos, entre otros, errores, omisiones o inexactitudes.

Este libro pertenece a:

¡Hola! Soy Tim. La mayor parte del tiempo la escuela es divertida y me siento seguro allí. Pero hoy, algo me ha hecho sentir incómodo e inseguro.

Meg me ha abrazado. Normalmente me gustan los abrazos, pero hoy no. Me he sentido incómodo. Conozco las sensaciones que me dicen que me siento inseguro o incómodo. Mi corazón late muy rápido, mis manos tiemblan y mi barriga se revuelve. A veces me tiemblan las piernas o tengo ganas de llorar.

Mi cuerpo es mío. Es de mi propiedad y yo elijo quién me toca. Le dije: "Para, eso no me gusta". Meg se detuvo. "No tengo ganas de abrazarte ahora. Mejor chocamos los cinco".

"Está bien", dijo Meg. Primero fallamos y nos reímos.

Jack por fin dejó de hacerme cosquillas. Pero no me hizo caso y eso me hizo sentir inseguro. Sé que cuando digo "basta" y la persona no me hace caso, debo decírselo a un adulto de mi círculo de seguridad.

Mi círculo de seguridad es un grupo de adultos que conozco y en los que confío. Yo decido también si las personas de mi círculo de seguridad pueden tocarme. En mi círculo de seguridad están mi mamá, mi papá, mi maestro, el Sr. Brown, y mi vecina, la Sra. Green. ¿Quién está en tu círculo de seguridad?

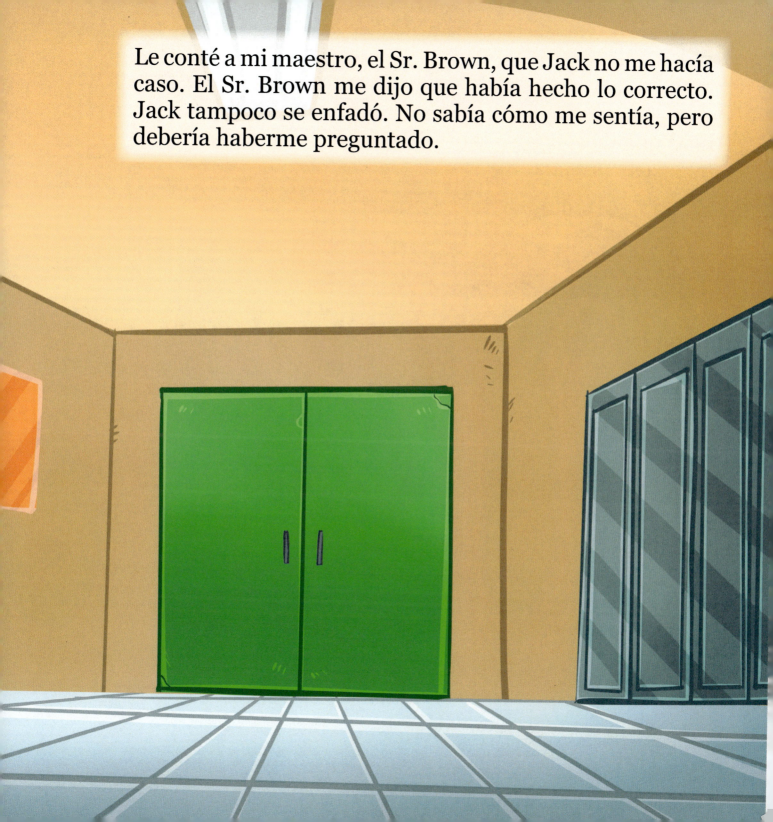
Le conté a mi maestro, el Sr. Brown, que Jack no me hacía caso. El Sr. Brown me dijo que había hecho lo correcto. Jack tampoco se enfadó. No sabía cómo me sentía, pero debería haberme preguntado.

Debajo de mi ropa interior están mis partes íntimas. Nadie puede tocar mis partes íntimas. Utilizo nombres reales para ellas, como pene y trasero, para poder nombrarlas. Mi hermana dice vagina, vulva y trasero. Mi boca también es una parte privada.

Por la noche, me lavo y me seco mis partes íntimas. A veces lo hacen mamá o papá, pero primero me preguntan a mí.

Mi cuerpo es mío. Yo elijo quién me toca porque me siento seguro y confiado. Si no quiero que me toquen puedo decir "Basta. No me gusta eso".

Si necesito ayuda, se la pido a un adulto de mi círculo de seguridad. Así como me ocurre a mí, tu cuerpo te pertenece. Tú eliges quién te toca y cuándo lo hace. Tú decides. Confía en ti mismo y estarás seguro.

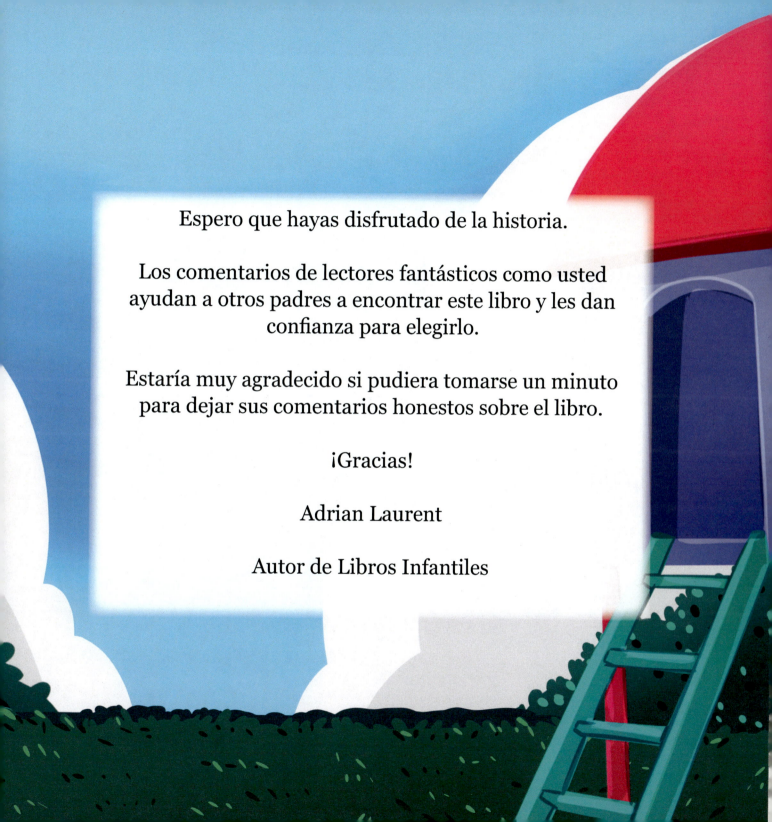

Espero que hayas disfrutado de la historia.

Los comentarios de lectores fantásticos como usted ayudan a otros padres a encontrar este libro y les dan confianza para elegirlo.

Estaría muy agradecido si pudiera tomarse un minuto para dejar sus comentarios honestos sobre el libro.

¡Gracias!

Adrian Laurent

Autor de Libros Infantiles

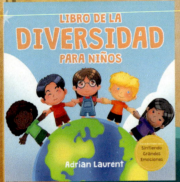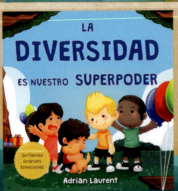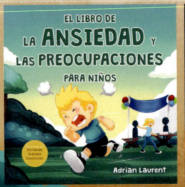

Colecciónalos todos

Made in the USA
Columbia, SC
04 August 2023